AF233281

LETTRE

REINE D'ANGLETERRE.

Londres, 22 septembre 1855.

MADAME,

Pour prix de l'hospitalité que nous tenons des lois de votre pays, permettez-nous de vous adresser quelques utiles réflexions sur votre voyage.

Et d'abord un mot de félicitations. Vous êtes, grâce au ciel, revenue saine et sauve, et ce n'est pas sans risque que vous êtes partie, voyez-vous ! Entre deux attentats, l'un devant, l'autre derrière, si le malheur eût voulu... on frémit d'y penser. Mais enfin tout s'est bien passé et vous en êtes sortie sans accident. Dieu soit loué ! Voyage, visite, promenades, parades, réceptions, ovations, illuminations, bals, banquets, concerts, spectacles, discours, bons mots et feux d'artifice, tout a été à souhait, jusqu'au temps qui s'est fait français et beau; attention flatteuse pour une anglaise, jusqu'aux Russes qui ont eu l'obligeance de se faire battre à la Tchernaya, pour fournir à Monsieur un galant calembour : Victoria est beauté et victoire aussi. C'est charmant. Vous avez visité Paris; vous avez déjeuné à Saint-Cloud, dîné aux Tuileries, soupé au Trianon et lunché partout. Vous avez dansé à l'Hôtel-de-Ville, redansé à Versailles, pleuré aux Invalides et ri à Saint-Germain. Vous avez baptisé une rue comme le génie ou la gloire, comme Voltaire ou Rambuteau, comme Rivoli ou la Râpée. Vous avez passé en revue l'élite de la société, l'armée, la magistrature, l'église, la banque et les dames de la halle, toute la fleur et le pois de l'empire, toute sa noblesse civile et militaire, la paix et la guerre, la politique, l'éloquence, la vertu, la valeur, la bonne foi, l'esprit, la grâce et la police. Et tout ce beau monde en frais, hatbillé, décoré et savonné de son mieux pour fêter l'amie de la maison. Vous avez admiré les produits de l'industrie, les chefs-d'œuvres des arts, les prodiges de l'Exposition, nos curiosités, nos miracles, nos sept merveilles, vu Magnan au Champ-de-Mars, Sibour au Parvis, Troplong au Palais, Nieuwerkerke au Musée, entendu Baroche, respiré Véron et la haute grâce sans lesquels on ne fait rien, compté les autres, feuilleté la flore et la faune du règne, tout ce qui mérite d'être contemplé, exposé et marqué.

Vous avez été baisée au genou par trente chefs arabes, au dessous de la jarretière, dit le *Times*, Honni soit… et à la main, par l'empereur. *God save the Queen!* Vous avez été saluée par tous les canons de Vincennes et réveillée par cinq cents tambours donnant l'aubade au prince-moitié. Les rossignols, des Guides et les fauvettes de l'Opéra vous ont chanté l'antienne royale et le peuple n'a pas chanté Malbrough. Le maire d'Amiens vous a régalée de ses harangues et de ses pâtés. Chevet vous a servi tous les plats de son métier. Les encenssoirs de la presse vous ont brûlé leur plus pure résine et M. Hansseau ses plus grands lampions. Vous avez mis Canrobert au *Bois*, bu le champagne et embrassé Jérôme.

C'était trop. Alors au comble du bonheur, vous avez, comme Auguste, aspiré à descendre. Vous avez eu besoin d'échapper un peu à tous ces grands hommes et à toutes ces belles choses, et un matin, non le moins doux du voyage, exténuée, abimée d'admiration et de délices, par un mouvement vrai, naturel et humain, non plus en reine, mais en femme, en fille d'Eve, comme une faible mortelle, comme une simple bourgeoise, comme une franche commère de Windsor, vous avez eu un mois frais, sans tambour ni trompette, sans gardes ni laquais, sans le dire à Piétri, pris un cab à l'heure, avec votre homme et vos enfants, et vous êtes allée sans plus de cérémonie vous reposer au Jardin des Plantes avec les arbres et les bêtes du bon Dieu.

Ainsi donc, sauf l'imperfection attachée à toute chose d'ici-bas, sauf Mathilde qui a ri de vos robes et son frère qui a ri de vos mille livres données aux pauvres, en retour du million qu'elles leur coûtent, sans reproche, et le père qui n'a paru juste que pour vous dire: *Good bye,* rien n'a manqué à la fête. Vous avez goûté, savouré toutes les volup-

… toutes les poésies, tous les myopes, tous les parfums et toutes les sauces de la France. Vous n'avez pas eu trop d'un ou deux sens de plus. Vous avez eu tous les honneurs et tous les bonheurs. Vous avez vidé la coppe, et vous devez comprendre à cette heure ou jamais la romance de la pauvre reine Marie : *Adieu, plaisant pays de France !* Oui, vous devez être contente, ou vous serez difficile. C'est bien. Encore une fois, nos complimens ! Et maintenant, ois, observations. Maintenant que la fête est finie, que les festons sont faits, les bougies éteintes, les fusées tirées, et les bonbons mangés, que les violons ne raclent plus *Partant pour la Syrie*, qu'il ne reste plus de tout ce gala que vieux journaux, vieux bouquets, mèches noires, assiettes sales et cartes à payer, maintenant que les dernières chansons et les dernières fusées de l'ivresse sont évanouies, que vous êtes tout-à-fait rafraîchie et calmée, rentrée at home et revenue de vos éblouissemens, que vous avez repris votre température ordinaire, votre sang-froid, votre thé, votre beurre et votre raison, raisonnons, s'il vous plaît. Voyez-vous le but de ce voyage ? car une reine ne voyage pas comme une autre, pour le plaisir de voyager, même en France. Allons, Madame, que signifie cette visite ? qu'en pensez-vous au fond et qu'en dites-vous à présent à la France. Qu'êtes-vous allée faire chez cet homme là ? dit-il il n'a des ... — Assurément, vous n'êtes pas allée voir un Bonaparte, vous, fille du Pitt et femme de Cobourg ? L'administration du pays, vous ... — Vous n'êtes pas allée voir le Russland d'Haymarket, vous honnête femme autant que reine, petit-être ... — Vous n'êtes pas allée voir le Tyran parvenu, vous reine constitutionnelle, le personnage. Vous l'avez vu à Boulogne. — Vous n'êtes pas allée voir le faiseur de coups-d'État, vous reine à Parlement. Il porte le fardeau comme Saint-Christophe porte ... — Qu'êtes-vous donc allée faire dans cette maudite galère ? — Vous êtes allée voir un allié. C'est une raison que dit, il n'a d'allié ... rien moins que cette raison, cette grande raison, cette raison d'utilité, de nécessité publique qu'on appelle raison d'État. L'alliance n'est-ce pas, pour surmonter vos antipathies naturelles, vos répugnances légitimes, votre mépris et même votre horreur d'un tel hôte, pour vous contraindre à la recevoir chez vous d'abord et à visiter chez lui ...

4

mettre votre main dans sa main, votre joue sur la sienne, à échanger
votre ruban bleu contre son ruban rouge, votre jarretière contre sa
cravate, vos roses contre ses violettes, à le traiter d'égal à égal, de frère
à sœur, d'empereur à reine, procédés officiels, politesses politiques,
nous le savons, qui ne tirent à conséquence avec personne, qui n'en-
gagent à rien du tout quant à l'amitié et à l'estime, d'accord, mais qui,
avec un pareil être, violent la morale et entachent la conscience. Oui,
vous avez tout sacrifié, dignité de reine, scrupules de femme, orgueil
d'aristocrate, sentiment d'Anglaise, le rang, la race, le sexe, tout jusqu'à la pudeur, pour l'amour de cet allié.

Cet allié, y avez-vous bien pensé, Madame, ou plutôt ceux qui sont
chargés de penser pour vous, ceux qui répondent légalement de vos
actes, vos conseillers, vos ministres, les Palmerston, les Clarendon,
ont-ils bien su ce qu'ils vous ont fait faire et sur quelle planche ils
vous ont mis le pied ? Cet allié est-il donc bien solide et bien sûr, que
vous lui immoliez tout ainsi, même l'honneur ? Voyons donc !

Est-il bien sûr d'abord ?

Sûr comme le sable, comme le vent, comme la glace, comme tout ce
qui glisse, fuit et meut. Perfide comme l'onde, a dit Shakespeare de
la femme. Qu'eût-il dit de cet homme, de ce Richard III, s'il eût pu
le voir ou l'inventer ? C'est, vous ne l'ignorez pas, le verbe de la tra-
hison fait chair, l'incarnation du parjure, l'âme de Judas dans la peau
de Jarnac, en un mot l'homme de nuit du Deux-Décembre. En votre
qualité de reine, vous devez lire les nouvelles et connaître les événe-
mens contemporains; ceux d'hier au moins. Vous devez donc connaître
le personnage. Vous l'avez vu à l'œuvre. Vous savez ce qu'il a fait et
par conséquent ce qu'il fera. C'est incontestablement l'Hercule du
genre. Il porte le forfait comme Saint-Christophe porte Jésus ; c'est
son Dieu ; et le coup d'État comme la mère porte l'enfant ; c'est son
petit. Ses alliances passées vous dénoncent son alliance présente.
Rappelez-vous bien sa conduite avec ses amis de l'ordre. Paix, pacte,
traité, société, alliance, union, rue de Poitiers, guerre de Rome, loi du
31 mai; tout à la royauté contre la république ; puis un jour, non, une
nuit, à son heure, à son aise, frappant après avoir trompé, faisant son
coup contre tout le monde, renversant amis et ennemis, et relevant

l'empire par-dessus république et royauté. Tout pour l'empire. Or,
Madame, il n'a pas encore l'Empire comme il le veut. Le Rhin lui dé-
mange et les Alpes lui cuisent. Il s'y frottera, il s'y grattera, soyez sûre !
Il appelle ça son bien. Et ne pouvant le prendre tout de suite de force,
il emploie comme toujours la ruse d'abord, en attendant le reste.
Même jeu, il n'a pas deux tours dans ses cartes ; il imite trop bien
autrui pour ne pas s'imiter lui-même, réussissant surtout. Gare à vous.
Instruit, formé par les méditations de l'exil, éclairé par les lanternes
de Waterloo Place, suivant d'ailleurs l'instinct de sa nature, il n'a pas
comme l'aigle attaqué de front, pris John Bull par les cornes. Non, il
a deviné qu'il valait mieux le tourner, le prendre aux jambes, l'empêtrer
pour l'abattre. C'est ce qu'il a commencé, Madame, avec une certaine
chance. Il vous tient. Sous la même couleur d'ordre et de modéra-
tion, il vous a liée à lui, brouillée avec vos frères de la Sainte-Al-
liance. Il a détruit votre armée et vous a réduite à des troupes étran-
gères. Il a tué votre prestige, troublé votre ménage constitutionnel, dé-
rangé votre intérieur parlementaire, détraqué votre gouvernement, dé-
moralisé votre oligarchie et soulevé votre peuple qui réclame une ré-
forme sentant la révolution. Il vous a fait plus de mal déjà qu'une
descente à Hastings ; il vous a plus vaincue que le Russe. L'oreille
du fourbe perce, surtout depuis Malakoff. Il vous traite en vassale
à cette heure. Il prétend qu'il est venu donner ses ordres à Londres et
que vous êtes venue les recevoir à Paris. C'est clair ; et quand il vous
trouvera assez énervée, assez compromise, assez compliquée au dedans
et assez isolée au dehors, il fera son coup d'État européen. L'Europe,
a dit l'oncle, sera cosaque ou républicaine. Ni l'une, ni l'autre, dit le
neveu, elle sera bonapartiste, et vous serez décembrisée s'il en a
le temps.
    Voilà ce que c'est que d'avoir cet allié, que d'être embarquée avec
ce félon dans une guerre sans principe, sans plan, sans but autre
que son égoïsme, et le vôtre. Car soit dit entre nous, Madame, vous
n'avez malheureusement pas plus de principe que lui dans cette vilaine
guerre d'Orient. S'il y va, lui, de son ambition, vous y allez, vous de votre
intérêt ; et vous bataillez pour la boutique comme lui pour l'empire.
Soyez franche, vous soupirez pour l'Inde comme il soupire pour l'Italie.

Car vous faites précisément à Madras ce qui à Rome, ce que vous ne voulez pas qu'il le Czar fasse à Constantinople, et ce que le Sultan y fait. Vous êtes tous ... ensemble plus ou moins, lui Czar de France, ayant sa Sibérie à Cayenne, vous, Czarine de l'Inde, ayant votre Pologne en Irlande ; et votre guerre n'est qu'une guerre de Czars ; ennemis, une autre Thébaïde. Guerre absurde, atroce, païenne, antique, qui étonne le monde moderne comme un anachronisme, et qui indigne comme un scandale, qui épouvante comme une monstruosité, qui nous fait ... par delà le Moyen-Age où l'on se battait déjà pour l'idée, aux temps ... des ..., au matérialisme pur des guerres de conquête, des apôtres sans âme, sans ... et sans feu, guerre de chiens pour ... Anasi quel acharnement, quel carnage, quelle boucherie ! Voyez ce garçon d'état, ce maréchal d'abattoir, continuant, étendant son commerce d'Afrique en Europe, exterminant à tour de bras ! Quelles scènes d'horreur et de désolation ! Incendie des villes, ravage des champs, dévastation et destruction, ... viol et meurtre de pauvres gens qui n'en peuvent mais, sujets de leur majesté, n'ayant ni volonté ni motif dans la lutte, qui ne sont pas même consultés, ... perdus, s'ils ne marchent pas, tués par vous, s'ils marchent. Forcés donc d'aller entre deux feux à une mort certaine, parce qu'une paire de coquins, ... volontaire, se disputent à qui sera le plus Czar des deux ! Ah ! Madame, vingt mille hommes ! pour ... pour ... ... le choléra ... en ... prenait que quinze cents dans sa virulence ! Vingt mille hommes, grand Dieu ! comme si ce n'était rien ! vingt mille ... Non, ... ce n'est pas le drapeau tricolore qu'il devrait flotter, ... c'est le crêpe de vingt mille familles. Vingt mille hommes, toute la population virile d'une ville de soixante mille âmes ! Et c'est l'Hécatombe d'un jour, et si l'on comptait tous les morts de cette ... finale ... ce serait Londres entier dépeuplé de tous ses hommes, Albert compris. C'est affreux ! Et pourquoi et après ? Ah ! votre cœur de femme doit saigner sous votre manteau de reine ! Reine Victoria, si vous n'êtes pas responsable devant la loi, vous l'êtes devant Dieu. Vous femme, vous mère, vous chrétienne, vous reine d'Angleterre, ... ce prix le croissant, le Koran, le harem, la polygamie, l'esclavage, l'eunuque et muette, la barbarie, la mort, la Turquie enfin

qui opprima des millions de Grecs, qui leur a pris leur pays, leur indé-
pendance, leur nationalité; et soutenant l'oppression de ce cadavre au
nom même de la vie, du progrès, de l'humanité et de la civilisation. Pa-
radoxe d'égoïsme, hyperbole d'hypocrisie! Si vous étiez mue par une
cause d'humanité, si vous ne vous contentiez pas de ce mot vague de
civilisation, et vous appeliez les choses par leur vrai nom, le droit, vous
ne déferiez pas ce que vos pères ont commencé; l'œuvre de Navarin,
vous l'accompliriez. Vous rouvririez le Turc au désert et le Russe
dans ses steppes, et vous rétabliriez la nation grecque contre le Russe
et le Turc à la fois. Une république grecque est la seule solution
possible, parceque c'est la seule juste. Kossuth vous a conseillé la
Pologne. C'est bon, mais ça ne suffit pas! Les Grecs ont le droit d'être
libres à Byzance, comme les Anglais à Londres, et les Polonais en Pologne. Libres, ils seront forts; forts, ils contiendront d'un côté le Czar
que les Polonais rembarréront de l'autre. Les Grecs si impuissants en
monarchie, comme le prouve leur histoire sous Paléologue contre les
Turcs, sous Pyrrhus contre les Romains, et aujourd'hui même sous
Othon contre les Russes, ont été invincibles en République contre les
Perses. Il s'agit donc de replacer le peuple grec et de le relever en
République fédérale comme autrefois, seul gouvernement conforme à
sa nature, à son sol, à son génie, son passé et à son avenir, seul ca-
pable de vie, de force, de durée et de résistance aux empiètements
des nouveaux Xerxès, seul moyen d'assurer la liberté de l'Europe
et la paix du monde, d'en finir avec la guerre et le antagonisme d'Orient
et d'Occident. Il est comme le démon virtuellement criminel...
Mais qu'allons-nous parler de république à une reine? Il n'y a pas
de bon sens. Il ne s'agit pas de république, même de république
grecque pas plus que de république slave. C'est vrai; ce n'est pas la
question. C'est juste; il s'agit de votre alliance. Revenons donc à votre
alliance, prince. Comme deux et deux font quatre, il sera justifié.
Nous vous avons dit qu'il vous trahirait; il en est le temps. Nous
espérons pour tous qu'il ne l'aura pas, malgré son désir; le pied lui
manquera auparavant. Est-ce bien solide, en effet? pas plus solide
que sûr, en vérité.
Tenez, Madame, nous sommes au 20 Septembre; un mois de la

démocratie, de la république, de la balance, la justice. — Le 21 Janvier a suivi le 22 Septembre. Votre allié sera puni.

Il y a des crimes qui ne se pardonnent pas, des crimes si entiers, si énormes qu'ils n'admettent ni remords ni rémission et ne comportent que le châtiment. La conscience humaine, dans son sentiment du juste, a depuis longtemps reconnu cette loi d'ordre par sa vieille conception de l'Enfer. Jugement dernier, malédiction divine, damnation perpétuelle ne sont que les symboles de cette vengeance terrestre qui, tôt ou tard, atteint le coupable d'une peine fatale, inévitable et proportionnelle au crime. Le Dieu-Agneau, le Christ de grâce priait pour ses bourreaux, criait du haut de sa croix : « pardonnez-leur, mon père, car ils ne savent pas ce qu'ils font !! » Mais pour ceux qui savent, pour les princes et les prêtres, pour les Tibères et les Caïphes, ce même Christ implacable réservait la justice suprême, annonçait le grand jour de l'inflexible, de l'éternelle sentence : Allez maudits !

Ce sont paroles d'Evangile, Madame, et en votre qualité de protestante, vous devez y croire. N'importe ? nous qui croyons au peuple avec cela, nous vous disons d'égale certitude : le peuple, cet autre crucifié, est de même bon et juste. Il remet ce qui doit être remis et retient ce qui doit être retenu. Ne comptez pas sur sa clémence pour votre allié. C'est un de ces bourreaux qui savent. Il est sans remords, qu'il soit sans espoir, il sera sans pardon. Le remords est signe de grâce. C'est la lutte du bien et du mal dans une âme encore digne. Mais il ne reste rien qui vaille en lui, rien qui puisse être absous ni sauvé. Il est comme le démon, virtuellement criminel, entièrement et à jamais réprouvé, sur la terre et dans le ciel. C'est le Satan du peuple en révolte absolue contre son Dieu. Il sera puni.

La raison, là-dessus, s'accorde avec l'Evangile. La justice n'est que de la logique. Les mêmes causes produisent les mêmes effets, même crime même peine. Comme deux et deux font quatre, il sera puni.

Il a mis, sciemment, volontairement, avec intention, préméditation, conspiration et guet-à-pens, la main sur la souveraineté du peuple. Plus encore, par un tour de force de scélératesse, il a rendu le volé complice du vol et extorqué le consentement de la victime au crime. Il a imité, dépassé son modèle, il a refait son Brumaire sans la moindre circons-

—ence quelconque et toutes sortes d'aggravations. Napoléon III, institué premier, il aura la peine de l'autre, il sera puni comme lui, plus que lui; justice distributive! Jugé de nouveau sur l'ancien! Quand l'autre commit son Décembre, il n'avait pas, du moins, reçu la République en garde; il n'en était pas le mandataire légal, le président, le premier citoyen, le premier magistrat, le défenseur naturel et officiel, le fonctionnaire payé, le commis obligé, le gardien juré. Il n'avait pas fait serment exprès de l'observer et de le conserver. De plus, il avait combattu les rois pour elle, il l'avait servie avec gloire, laissée victorieuse et forte, retrouvée vaincue et faible, aux mains des traîtres, déjà vendue et prête à livrer par eux aux prétendants de la royauté. Et pourtant l'usurpation du droit est crime si grand, qu'il n'y a pour le coupable, ni excuse ni merci. Le peuple, le maître qu'il a volé, le laisse arrêter par les gendarmes des rois, détenir par le geôlier des rois, et ce repris de justice des rois, ce voleur de peuple meurt en prison, condamné à perpétuité.

Et lui qui n'a ni les Alpes ni les Pyramides dans son sac, qui ne compte pour campagnes que Boulogne, Strasbourg et Satory, qui a sollicité et accepté le dépôt de la République, avec parti pris de la violer, qui a juré fidélité à la Constitution, promis à Dieu et aux hommes de la respecter, de la maintenir, qui n'avait à la défendre que des dangers qu'il lui a faits, qui n'a combattu que contre celle à lui, serviteur à gages, qui a commis ce qui s'appelle crime domestique et abus de confiance, lui qui lui a donné le baiser de Judas, lui pire que Caïn, car il faut épuiser tous les noms de saints avec lui, lui qui ne peut pas même répondre comme le fratricide: « je ne l'avais pas à garder! » Dites! Que mérite-t-il? Soyez tranquille, il n'ira pas à Sainte-Hélène. Aucun vaisseau ne rapportera ses cendres. La France ne le laissera pas partir; elle ne le laissera pas emmener; elle ne le laissera pas châtier à d'autres. Elle le frappera de ses propres mains. Il sera puni... et l'histoire aussi le prouve comme l'Évangile et la raison. « Vous le croyez bien fort, parce qu'il est sur le trône à cette heure et que la République est en prison, en exil et en deuil. Vous croyez peut-être aux sept millions de suffrages, à l'élu du peuple et de Dieu, au représentant de la France, bref, au droit du crime par son succès. Lui, le représentant de la France, lui, le Corse accouplé à son Espagnole, empourpré de sang français! Ah! ne faites pas à ce peuple de France, dont vous avez apprécié l'intelligence et la moralité, ne faites pas à ce Prométhée le tort de croire qu'il est représenté par son vautour; croyez que ce peuple n'est pas au dessous du vôtre, et que, s'il avait comme le vôtre, la moindre liberté d'action, s'il n'était pas accablé sous une masse de fer, il aurait déjà secoué le monstre. Mais laissez-le pour fait. Question de temps. Le passé nous répond de l'avenir. Le tyran jouit de son reste. Il commence sa fin et la fin couronnera l'œuvre. Nous attendons avec la patience de notre pleine confiance dans son infaillible sort et notre immanquable droit. Vous, madame, dominée par le fait présent, vous ne voyez que le maître d'aujourd'hui, sans songer à celui de demain. Et vous voilà jouant ensemble au sérieux la farce de la reine de Saba et du roi Salomon, le courage accueillant la beauté, Mars donnant l'accolade à Thétis et répétant ce vieux refrain : l'union fait la force. Vous voilà vous visitant, vous caressant à l'envi, vous promenant bras dessus, bras dessous, dans la capitale de l'Empire, dans ce Paris théâtre de ses exploits. Tant mieux! Les voyages instruisent, celui-là plus qu'un autre. Il n'amuse pas seulement, il n'est pas que d'agrément, il est d'enseignement aussi, pour les rois surtout. Paris est aussi la capitale de la Révolution, madame. La Révolution y sera votre cicérone si vous le permettez. Elle vous expliquera nettement ce Paris, ce grand livre de leçons étalé, pavés à l'usage des Dauphins. Votre allié vous a fait passer sous des arcs de triomphe dans chaque rue où sont tombées ses victimes, sous les drapeaux de chaque maison trouée de ses boulets, sur des tapis de fleurs recouvrant les caillots de ses massacres, entre deux haies de mouchards établi tout à tour vive la reine et vive l'empereur! La voix du sang est plus haute que celle des sergents, l'odeur du sang plus forte que celle des guirlandes; la couleur du sang plus rouge que celle des drapeaux. Vous ne pouvez faire un pas dans Paris sans lire sa sentence écrite en lettres de sang. Chaque pavé crie au meurtre et chaque meurtre vengeance! Non, d'un bout à l'autre de Paris, pas une pierre qui n'accuse, qui ne condamne, qui ne se lève pour l'exécuter un jour.

qui ne révèle son crime et sa peine, comme elle raconte le crime et la peine de ses prédécesseurs. Il vous a montré comment on fait les coups d'État; le peuple vous montrera comment on fait les insurrections. Il vous a fait voir la Bastille : là, les soldats de Louis XVI ont été écrasés sous les moellons de la forteresse. Plus bas, l'Hôtel-de-Ville; là, les soldats de Charles X ont été jetés à l'eau dans la Seine. Plus loin, le Palais-Royal; là, les soldats de Louis-Philippe ont été brûlés dans le feu de leur corps-de-garde; enfin, aux Tuileries, dans l'antre même, garde suisse, garde royale, garde municipale ont été vaincues trois fois par le peuple dans l'espace d'un demi-siècle, le 10 août 9., le 28 juillet 1830, le 24 février 48. Il aura aussi son mois et son jour dans le calendrier. Il sera...

Tous ces rois ont fini en exil ou sur l'échafaud et ils étaient moins coupables que lui; ils étaient innocents auprès de lui. Rois de conquête ou de naissance, rois par la grâce de Dieu ou du Diable, n'importe, mais non du peuple. Ils ne devaient rien au peuple. Ils étaient comme lui, légitimes, inviolables, irresponsables; ils avaient des écrans, des gérants, des garants, des Calonne, des Polignac, des Guizot; mais le peuple dans son imperturbable justice, ne s'en tient pas aux fictions, aux cautions, aux plastrons, et conclut aux têtes! Échec aux rois! ... Il sera échec et mat à son tour. Il a beau se tenir coi dans sa case, se couvrir bravement de règne et de drames d'honneur, s'entourer de cent cavaliers, cumuler ... les pions de la royauté et de l'empire, garde impériale et gardes du corps, masser ses tours, armer ses fous, donner le bâton à Castellane et à Baraguay, doubler le vainqueur du Boulevard par le héros de la Grève, couronner par Pélissier; il a beau se faire acclamer de Girardin, à la salive de Rouher, à l'huile de Billault; il a beau appauvrir, abrutir, aveugler, affamer le peuple pour enrichir Fleury et anoblir Cohneau; il a beau, à propos de paix, l'épuiser d'impôts, d'emprunts, de levées d'hommes et d'argent, manger le blé en herbe et même en semence, hausser le prix de la chair à canon au taux du pain, exporter des flottes de vivants et rapporter des listes de morts, brûler la France par les deux bouts et le milieu et préparer de son mieux l'invasion; il a beau vaincre Alexandre, et recevoir des lettres de François...

envoyer bien des choses à Simpson. Il a beau s'applaudir, s'étourdir de *Te Deum* et de dithyrambes, traîner derrière son char, Abd-el-Kader à la messe et Saxe-Gotha aux coulisses, voir rimer sa gloire par les Arsène et les Philoxène du Parnasse Mocquart, se faire promettre un enfant par les prêtres qui n'ont que faire à ça ; il a beau, dans le délire, dans le vertige de son triomphe, avec l'insolence ordinaire du crime heureux, blasphèmer la nature humaine et divine, s'intituler Majesté par la grâce de Dieu et la volonté du Peuple, contrefaire, car la contrefaçon est son originalité, parodier, résumer à lui seul toute l'ère des Césars, se déifier même comme Caligula, lui, sa famille et son cheval, nommer ses cousins Atlasses et Muret Consul ; comme Domitien, faire voter ses soupes aux cuistres du Sénat ; comme Néron, sauyer, mitron et maçon, donner gratis le spectacle et la croûte, démolir Paris pour le rebâtir, achever la rue de Rivoli.... Ah ! pour ne rien de mieux, le faubourg Saint-Antoine n'en ira que plus droit aux Tuileries ! Qu'il n'oublie pas non plus d'élargir la place de Grève en même temps. Elle ne sera jamais assez grande pour tous ceux qui voudront le voir pendre. Il sera puni...

Lorsque nous disons pendre, c'est une façon de parler anglaise ; et nous avons tort. Qui sait quelle sera sa peine, s'il est vrai qu'elle doive se mesurer au crime ? Comment finira-t-il en ce cas ? Peut-être vous l'a-t-il dit, dans ses rares moments de confiance, à l'heure du Cliquot, entre la poire et le fromage : Bah ! le pire qui puisse m'arriver, c'est de monter en carrosse comme Charles X, ou en fiacre, comme Louis-Philippe. — Il y a une troisième manière, Madame, en charrette comme Louis XVI ; une quatrième, en tibette, exécuté par Domange, aux gémonies de Montfaucon. — Pardon ! c'est pur empire. Vous savez d'où l'on a tiré l'empereur Claude, et où l'on a laissé l'impératrice Messaline. D'autres le valent encore plus bas que la courtisane même, revenant en exil, refusé à notre porte de St-James et reprenant son vieux métier sur le trottoir d'Haymarket. D'autres le voient sous le bonnet de forçat avec une couronne au pied dans ce bagne de Cayenne qu'il a créé. D'autres, au Jardin des plantes que vous savez, dans une cage de fer comme son aigle, avec cet écriteau : Sujet impérial, espèce dangereuse, race perdue, donnée par la Corse à la France. Ne pas jeter de pierres aux animaux!" D'autres plus pitoyables le volent expirer sous le pistolet de l'attentat ou les fusils de l'Insurrection. " Ce serait doux et il n'est pas digne d'une balle. Quelle que soit sa peine, prompte ou lente, elle n'égalera jamais son crime! Il n'a qu'une vie à perdre. Il ne peut pas mourir autant qu'il a tué. Pour nous donc il nous faut surtout, un acte de justice national, solennel, exemplaire, à jamais mémorable comme celui que l'Egypte imposait à ses rois morts, comme celui que la grande Convention et le grand Parlement imposèrent à leurs rois vivants, un acte formidable, à intimider les rois et à rassurer les Peuples une dernière fois. Nous le voyons passer de plein-pied, comme Charles Ier, du trône à l'échafaud. Il les a redressés l'un portant l'autre pour retomber après lui. Nous voulons qu'au nom de la souveraineté usurpée, de la nation asservie, des familles ruinées, des citoyens emprisonnés, proscrits et tués, au nom de nos pères et de nos fils, des vivants et des morts et du droit immortel, Louis-Napoléon Bonaparte soit déclaré... le mot manque... qu'il soit mis hors la loi et l'humanité : qui n'a rien d'humain n'est pas homme ! Nous voulons qu'on exécute jusqu'à sa mémoire, que ses restes immondes ne souillent pas le sein de la mère commune, qu'il soit rejeté de la République, lui et les siens, vifs ou non ; qu'ils soient tous proclamés parricides, ennemis de la Patrie et *cas de guerre* pour tout peuple qui abriterait leurs prétentions ; que la Corse qui les a produits soit séparée de la France et rendue à l'Italie ; et que leur nom voué à l'exécution publique soit une injure même pour les chiens dans la langue française.

" Et quand ?

" Sans être sorcier, on peut bien le dire à un jour près. La justice boîte ou marche, mais elle vient ; sur des échasses ou des béquilles, elle vient ; elle est même plus proche que vous ne pensez. Il y a des signes certains, des symptômes frappants. Le damné se dit l'élu de la Providence : quelque tort que cela fasse à Dieu, nous le reconnaissons tel et nous croyons à sa mission céleste. Il l'a remplie comme un ange. Il mériterait pour ça d'être pardonné s'il pouvait l'être. Il a fondu la colonne, perdu l'étoile, rompu le charme, dissipé, dévoré les victoires, consommé le chapeau, la capote et les bottes, tout l'héritage!

En dépit des hauts faits d'Orient, le crime comme un cuivre hideux rougit le couche d'or dont la gloire avait plaqué son nom. Il ne faut toujours dans l'esprit des masses et l'empire et l'empereur. Il a tué du même coup ses complices, armée, clergé, magistrature, usure, tout le vieux monde avec lui. Il a tué même les deux plus grands ennemis de la Révolution, l'aristocratie britannique et l'autocratie russe, l'or et le fer de la vieille coalition. Il a fait sans le vouloir les affaires de Dieu et de la liberté. Et maintenant sa comète, elle, et d'autres après. Madame, voici le jour! A peine avez-vous le dos tourné et les talons sortis, le peuple sait ce qu'il doit à une femme et à une hôte, voilà des sons et des lueurs étranges, attentats et insurrections, qui éclatent de toutes parts! Au dehors, du côté de Sébastopol qui sera son Moscou, la Tauride tient l'Oreste que vous ne sauverez pas, ô sœur Iphigénie; Saint-Arnaud son Pylade, et ses autres Grecs de Décembre, Lourmel, Brunet, Mayran l'attendent dans leur fosse; ses soldats, ces braves qu'il envoie au charnier pour un sou, ces soldats de l'empereur redeviennent soldats de la république, ne saluent plus César en mourant, et se ressouviennent de la Marseillaise; et dans son tas de généraux Oui, c'est un général. Non, un républicain, Bosquet qui prend la tour! Au dedans, c'est plus grave encore: les fonds baissent et le blé monte. La vapeur du sang versé forme un nuage sur l'astre, un nuage plein de foudres. Voici l'éclair de Pianori précédant le tonnerre du peuple! Écoutez ce que disent les ouvriers qui chôment; qu'il a bien fait de tuer l'Italien, puisque l'Italien l'a manqué. Et là bas, regardez à l'ouest, du côté de la ville noire, dans la campagne d'Angers, aux Ardoisières, quelle est cette lumière sinistre! et ce bruit nouveau, inouï, étonnant, effrayant? d'où vient cette terreur? Certes, votre allié n'est pas un songe-creux. Il n'est pas homme à rêveries, à visions folles... Et donc! Il n'a jamais entendu la trompette d'airain, jamais vu l'épée de feu de l'Archange, jamais senti l'aiguillon de la conscience, jamais cru aux esprits, à Dieu, ni à Diable, ni aux tables tournantes. Il n'a, nous l'avons dit, ni regrets, ni repentirs: il mange et dort bien en digérant sa proie: il ne peut avoir que le remords de la bête, la crainte! Eh bien qu'il tremble! car, il croit aux Paysans. Cette fois ce ne sont pas les revenants de Cayenne, les évadés de Belle-Ile, les débarqués de Londres, les républicains, les rouges, les socialistes, les incorrigibles, les éternels, les impuissants ennemis de l'ordre, de la famille et de la propriété. Non. cette fois ce sont les Paysans ! Quoi ? les Paysans ? Oui, les vrais Paysans, ses Paysans, les Paysans de Décembre, les Paysans qui l'ont élu, qu'il a trompés et qu'il ne trompera plus ! Enfin ! Ah ! Balthazar, le doigt est sur le mur !......

Priez Dieu, Madame. qu'il ait autant de cœur pour subir la mort qu'il en a eu pour l'infliger...... les cruels sont lâches ! O expiation ! Puni, puni par où il a péché ! Allons, il n'y a plus d'amour ! Les Paysans se fâchent ! Les Paysans crient : A bas l'empereur ! Vive Marianne ! Vive la République démocratique et sociale, universelle !

Le Comité de la Commune Révolutionnaire,

Félix PYAT, ROUGÉE, G. JOURDAIN,